بسم الله الرحمن الرحيم

VORWORT:

IM NAMEN ALLAHS, DES ALLERBARMERS, DES ALLBARMHERZIGEN.
ASSALAMU ALAIKUM WA RAHMATULLAHI WA BARAKATUH, ICH GRÜSSE EUCH MIT DEM FRIEDEN UND DER BARMHERZIGKEIT ALLAHS,
WIR SIND TALHA CAVUS UND FARES ALBARAZI, UND ES IST UNS EINE EHRE, EUCH UNSER BUCH „DIE LIEBE ZUM GEBET" VORZUSTELLEN. DIESES BUCH DREHT SICH UM DAS GEBET, EINE DER WICHTIGSTEN SÄULEN DES ISLAM, DIE UNS NÄHER ZU ALLAH BRINGT.
STELLT EUCH DAS GEBET ALS EINE BESONDERE VERBINDUNG ZU ALLAH VOR, BEI DER WIR UNSERE HERZEN ÖFFNEN UND MIT IHM SPRECHEN. DAS GEBET IST NICHT NUR EINE PFLICHT, SONDERN AUCH EINE WUNDERBARE MÖGLICHKEIT, INNEREN FRIEDEN UND TROST ZU FINDEN, BESONDERS IN EINER HEKTISCHEN WELT.
IN DIESEM BUCH WERDEN WIR GEMEINSAM DIE BEDEUTUNG DES GEBETS IM ISLAM ERKUNDEN. WIR WERDEN LERNEN, WARUM DAS GEBET SO KOSTBAR IST UND WIE ES UNS SPIRITUELL BEREICHERN KANN. DER PROPHET MUHAMMAD (FRIEDEN UND SEGEN SEI MIT IHM) SAGTE: „DAS GEBET IST DIE SÄULE DES GLAUBENS", UND DAS WERDEN WIR GENAUER BETRACHTEN.

IHR WERDET AUCH INSPIRIERENDE ZITATE FINDEN, DIE UNS DARAN ERINNERN, WIE WERTVOLL DAS GEBET IST UND WIE ES UNS FRIEDEN UND TROST SCHENKT.

MEIN WUNSCH IST ES, DASS DIESES BUCH FÜR MENSCHEN JEDEN ALTERS LEICHT VERSTÄNDLICH UND INSPIRIEREND IST. MÖGE ES EUCH DABEI HELFEN, DAS GEBET ZU LIEBEN UND EINE TIEFERE VERBINDUNG ZU ALLAH ZU FINDEN.

GEMEINSAM WERDEN WIR DIE LIEBE ZUM GEBET ENTDECKEN.

ICH DANKE EUCH VON HERZEN, DASS IHR DIESES BUCH LEST, UND MÖGE ALLAH EUCH SEGNEN.

ASSALAMU ALAIKUM WA RAHMATULLAHI WA BARAKATUH.

TALHA CAVUS UND FARES ALBARAZI

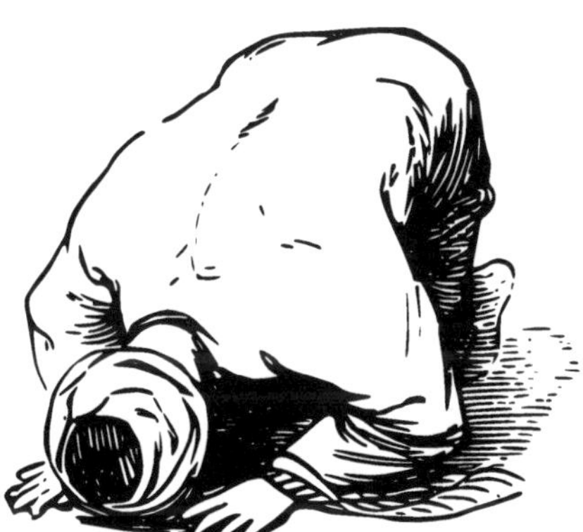

بسم الله الرحمن الرحيم

KAPITEL:

DIE REISE ZUM GEBET BEGINNT: 1-20

DER SCHLÜSSEL ZUM GEBET: 21-40

DIE BELOHNUNG DES GEBETS: 41-60

DAS GEBET IM ALLTAGO: 61-80

DIE GEHEIMNISSE DES NACHTGEBETS: 81-100

DIE LIEBE ZUM GEBET ENTWICKELN: 101-120

DIE REISE ZUM GEBET BEGINNT

DIE REISE ZUM GEBET BEGINNT

Der Prophet ﷺ sagte:
„Wahrlich, die erste Tat, durch die ein Diener am Tag der Auferstehung zur Rechenschaft gezogen wird, ist sein Gebet. Wenn es vollständig ist, ist er erfolgreich und gerettet, wenn es aber mangelhaft ist, hat er versagt und verloren. Wenn also in seinen Pflichtgebeten etwas fehlt, dann sagt der Herr, der Mächtige und Erhabene: "Seht! Gibt es freiwillige (Gebete) für meinen Verehrer?' So wird mit ihnen das, was in seinen Pflicht(gebeten) fehlte, vervollständigt werden. Dann wird der Rest seiner Taten so behandelt werden."
[Tirmidhi 413].

DIE REISE ZUM GEBET BEGINNT

Die Reise zum Gebet ist eine Reise der Seele, eine Suche nach Frieden, Nähe zu Allah und spiritueller Erfüllung. Es ist eine Reise, die mit einem einfachen Schritt beginnt - dem Schritt des Herzens, der Sehnsucht nach einer Verbindung zu etwas Größerem, zu etwas Göttlichem. Inmitten des hektischen Alltags und der zahlreichen Ablenkungen ist es leicht, diese Sehnsucht zu übersehen oder zu überhören, aber sie ist immer da, tief in unseren Herzen verwurzelt. Sie beginnt, wenn wir dieser Sehnsucht nachgeben, wenn wir den ersten Schritt machen und uns auf den Weg zur inneren Erfüllung begeben.

Der Heilige Quran betont: „Und wenn dich Meine Diener über Mich befragen, so bin Ich nahe; Ich höre den Ruf des Rufenden, wenn er Mich ruft. Deshalb sollen sie auf Mich hören und an Mich glauben. Vielleicht werden sie den rechten Weg einschlagen."
(Sure Al-Baqara, 2:186)

Diese Worte aus dem Heiligen Quran sind ein Versprechen Allahs an uns, dass Er nahe ist und auf unsere Gebete antwortet, wenn wir zu Ihm beten. Sie ermutigen uns, den ersten Schritt auf unserer Reise zum Gebet zu machen und auf die Führung Allahs zu vertrauen. Das Gebet ist die Brücke, die uns mit dem Göttlichen verbindet und es ist eine Reise, die uns näher zu unserer inneren Ruhe und spirituellen Erfüllung führen kann. Es ist der Anfang einer tiefen Beziehung zu Allah, die unser Herz und unsere Seele bereichert.

In diesen Momenten der Stille und Sammlung, wenn die Welt draußen für einen Augenblick zur Ruhe kommt und dein Herz sich öffnet, liegt die Möglichkeit eines wunderbaren Gesprächs - eines Gesprächs zwischen dir und dem Allmächtigen, dem Erschaffer des Universums. Die Welt mag voller Lärm und Trubel sein, aber im Gebet findest du einen stillen Hafen für deine Seele.

DIE REISE ZUM GEBET BEGINNT

Denk daran, dass das Gebet eine Zeit ist, in der du dich auf das Wesentliche konzentrierst - die Beziehung zwischen dir und Allah. Es ist ein Augenblick der Besinnung, in dem du zur Ruhe kommst und dich darauf besinnst, wer du bist und wer Allah ist. In dieser Stille findest du eine Verbindung zur göttlichen Weisheit und Liebe.

Das Gebet ist keine Einbahnstraße; es ist ein Gespräch zwischen dir und Allah. Du kannst deine Freude und Dankbarkeit teilen, aber auch deine Sorgen und Bitten. Allah hört immer zu und antwortet in Seiner Weisheit und zu Seiner Zeit. Das Gebet ist eine Möglichkeit, unser Vertrauen in Allah auszudrücken und uns von unseren Sorgen zu befreien.

Lass uns in diesen kostbaren Momenten des Gebets unsere Herzen öffnen und unsere Seelen mit Frieden erfüllen. Es ist eine Reise, die wir gemeinsam antreten, um unsere Beziehung zu Allah zu vertiefen und unsere spirituelle Reise zu beginnen. In den kommenden Kapiteln werden wir uns weiter mit der Schönheit und Bedeutung des Gebets auseinandersetzen und lernen, wie wir es zu einem festen Bestandteil unseres Lebens machen können. Das Gebet ist der Weg, der uns näher zu Allah führt und uns mit Seinem Segen erfüllt.

DIE REISE ZUM GEBET BEGINNT

Du fühlst dich leer?

Geh beten.

Du fühlst dich traurig?

Geh beten.

Du fühlst dich verlassen?

Geh beten.

DIE REISE ZUM GEBET BEGINNT

Das Gebet ist eine Reise zu Allah. Beginne diese Reise, indem du betest. Es ist der erste Schritt auf einem Weg, der dich näher zu Allah führt und dich mit Seiner Liebe und Barmherzigkeit erfüllt.

DIE REISE ZUM GEBET BEGINNT

Ein Geschenk von Allah. Du hast die Möglichkeit, dich mit ihm zu verbinden und Seine Liebe und Fürsorge zu spüren. Nutze diese Gabe, um deinen Iman zu stärken. Von welchem Geschenk rede ich hier?

Ich rede vom Gebet.

Sobald du richtig betest, gibt es kein zurück mehr. Die Veränderung deines Lebens wird so groß sein, dass du dir nicht einmal mehr vorstellen kannst, wie dein Leben ohne das Gebet wäre.

DIE REISE ZUM GEBET BEGINNT

Die Reise begann bereits bei deiner Geburt, mit dem ersten Atemzug und den ersten Worten, die du aus dem Mund deines Vaters gehört hast:

„Kommt zum Gebet, kommt zum Erfolg."

حَيَّ عَلَى الصَّلَاةِ حَيَّ عَلَى الْفَلَاحِ

DIE REISE ZUM GEBET BEGINNT

Wir schätzen es nicht wert,

Das Geschenk,

das uns Allah, der Allmächtige,

gegeben hat.

Die innere Ruhe,

die wir täglich durch die Anbetung Allahs spüren.

Teilweise kommen wir zu spät,

verpassen das Gebet und vernachlässigen es sogar
für längere Zeit.

DIE REISE ZUM GEBET BEGINNT

Viele denken, sie beten,

doch sie sind abwesend.

Viele denken, sie beten,

doch sie gedenken nicht.

Dabei wissen sie nicht, dass das Gebet aus zwei Bausteinen besteht:

DHIKR (Gedenken) und Präsenz.

سُبْحَانَ اللهِ

DIE REISE ZUM GEBET BEGINNT

Selbst auf der längsten Reise, oh gläubiger Freund, Zum Gebet, der Herzschlag unseres Glaubens, entbrennt. Die Schritte zum Gebet sind wie Liebesgedichte, Durch sie finden wir Frieden in unserer inneren Mitte.

DIE REISE ZUM GEBET BEGINNT

In der Stille des Morgens, wenn die Welt noch ruht, Beginnt die Reise zum Gebet, mit jeder Hoffnung im Gemüt. Der Pfad des Gebets ist ein Weg der Innerlichkeit, In seiner Schönheit finden wir unsere geistige Wirklichkeit.

DIE REISE ZUM GEBET BEGINNT

Jede Reise zum Gebet ist ein Schritt zum Noor, Eine Flucht aus der Dunkelheit, in der unser Herz erlischt. Der Gebetsruf, der uns ruft, ist Balsam für die Seele, Auf dieser Reise erfahren wir wahre geistige Ziele.

DIE REISE ZUM GEBET BEGINNT

Mit jedem Schritt zum Gebet, der auf festem Boden fällt, kommt unsere Seele näher zu Allah, sie ist erhellt. Die Reise zum Gebet, ein Geschenk des Himmels oben, In ihrer Stille finden wir Frieden und die Liebe, die wir loben.

Der Weg zum Gebet ist wie ein Fluss, der nie versiegt, mit jedem Gebet steigen unsere Herzen und der Glaube siegt. Die Reise zum Gebet ist ein Geschenk, kostbar und rein, in ihrer Tiefe entdecken wir die Essenz des Seins.

DIE REISE ZUM GEBET BEGINNT

Der Morgenruf zum Gebet, ein Weckruf
für die Seele, Er erinnert uns daran, auf
dem rechten Weg zu verweilen.

Im Dunkel der Nacht, wenn die Sterne verweilen, Erwache ich sanft, um zu Allah zu eilen. Das Fajr-Gebet, so still und rein, Lässt meine Seele im Licht des Glaubens sein.

DIE REISE ZUM GEBET BEGINNT

Sei wie ein Reisender auf dieser Dunya (Welt),
Durchquere sie mit Bedacht und klugem Blick.
Deine Zeit hier ist begrenzt, wie eine Reise von Ort zu Ort,
Nimm dir Momente des Lebens, sei nicht gehetzt.
Genieße die Schönheit, die diese Welt bietet,
Aber sei nicht zu sehr an die Vergänglichkeit geklammert.
Sammle Erinnerungen, wie Souvenirs auf deinem Weg,
Doch erinnere dich daran, dass nichts für immer besteht.

Das Gebet ist eine Gelegenheit, deine tiefsten Wünsche und Sehnsüchte vor Allah zu legen. Beginne, indem du deine Herzenswünsche in deinen Gebeten äußerst, und du wirst sehen, wie Er sie erhört.

DIE REISE ZUM GEBET BEGINNT

Nun beginnt deine Reise

Eine Reise ins Unendliche

Mit kleinen Schritten Richtung Gebet

Mit großen Schritten zu Allah.

DER SCHLÜSSEL ZUM GEBET

DER SCHLÜSSEL ZUM GEBET

Der Prophet ﷺ sagte:
„Der Schlüssel zum Paradies ist das Gebet und der Schlüssel zum Gebet ist das Wudu (Gebetswaschung)."
[Tirmidhi 4]

Wenn du dich darauf vorbereitest, das Gebet zu beginnen, finde einen ruhigen und ungestörten Ort, an dem du dich mit Allah verbinden kannst. Atme tief durch, lass die Hektik des Tages hinter dir und spüre, wie du innerlich zur Ruhe kommst.

Um das Gebet leichter zu beginnen, kannst du damit beginnen, Allah um Seine Führung zu bitten. Bitte Ihn, dich auf diesem gesegnetem Weg zu leiten und dir die notwendige Kraft zu schenken, um dein Herz und deine Gedanken für das Gebet zu öffnen.

Denke daran, dass das Gebet ein Akt der Anbetung ist, bei dem du dich vor Allah demütig niederwirfst. Beginne, indem du dich selbst erinnerst, wie gesegnet du bist, dass du die Gelegenheit hast, vor Ihm zu stehen, und öffne dann dein Herz, um Seine Gegenwart zu spüren.

Wenn du das Gebet beginnst, kannst du dich auf die Worte konzentrieren, die du aussprechen wirst. Lasse diese Worte tief in dein Herz sinken und verbinde dich innerlich mit ihrer Bedeutung, um eine tiefere an Allah gebundene Erfahrung zu erleben.

Schließe deine Augen und denke daran, dass Allah dich in diesem Moment sieht und hört. Das Gebet ist ein persönlicher Dialog zwischen dir und Ihm. Du kannst dich mit deinen Worten ausdrücken, wie du es möchtest, und dich von Ihm geliebt und verstanden fühlen.

Um das Gebet leichter zu beginnen, kannst du dich auf die Dankbarkeit konzentrieren. Denke an die Segnungen und Wohltaten, die Allah dir geschenkt hat, und nimm dir einen Moment, um Ihm dafür zu danken, bevor du fortfährst.

Das Gebet ist ein Geschenk und eine Gelegenheit, deine Beziehung zu Allah zu vertiefen. Wenn du Schwierigkeiten hast, es zu beginnen, erinnere dich daran, dass Allah deine aufrichtigen Bemühungen schätzt und bereit ist, dich in Seiner Liebe zu empfangen.

Du kannst das Gebet als eine Brücke zwischen dir und Allah betrachten. Beginne, indem du diese unsichtbare Brücke betrittst und deine Gedanken auf die Gegenwart Allahs richtest. Fühle die Wärme Seiner Liebe, die dich umgibt.

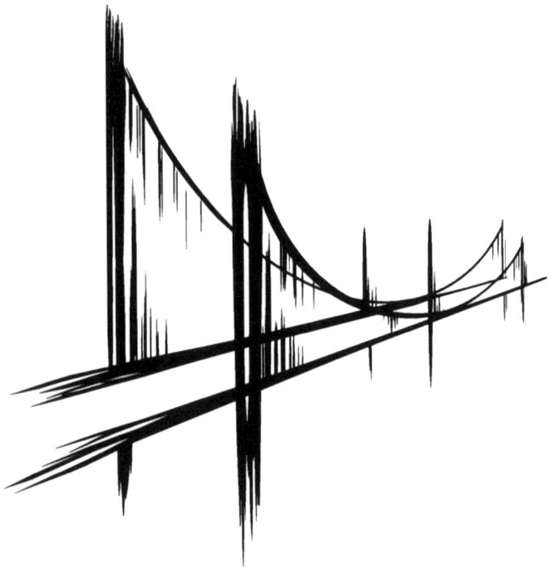

Es ist normal, wenn du anfangs Schwierigkeiten hast, das Gebet zu beginnen. Aber denke daran, dass Allah deine Absicht kennt und deine Bemühungen würdigt. Du kannst mit einem aufrichtigen Herzen beginnen, selbst wenn deine Worte anfangs unsicher sind.

Wenn du das Gebet beginnst, schließe deine Augen und lass deine Gedanken zur Ruhe kommen. Visualisiere dich selbst vor Allah, dem Allwissenden, und spüre die Demut, die dieses Bild in dir weckt.

Das Gebet ist nicht nur eine Pflicht, sondern auch eine Gelegenheit zur Selbstreflexion. Beginne, indem du über deine eigenen Gedanken und Gefühle nachdenkst. Teile Allah deine Freude, Dankbarkeit, Zweifel oder Ängste mit.

Denke an das Gebet als einen kostbaren Augenblick der Begegnung mit Allah. Öffne dein Herz und lass deine Emotionen fließen, sei es in Form von Bittgebeten, Lobpreisungen oder einfachen Worten der Liebe.

Das Pflichtgebet kann auch als eine Möglichkeit dienen, deinem Leben eine Struktur zu geben. Plane deine Aktivitäten so, dass du die Gebetszeiten einhalten kannst, und betrachte sie als Momente der Rückkehr und innere Erneuerung.

Du kannst das Gebet als einen Akt der Reinigung betrachten, bei dem du deine Sorgen und Belastungen ablegst. Stell dir vor, wie du mit jedem Gebetsschritt deine Seele von den Lasten dieser Welt befreist.

Erinnere dich daran, dass das Gebet ein Geschenk ist, das dir hilft, dich selbst zu erkennen und dein Paradies Schlüssel im Jenseits zu erlangen. Nutze es, um Allah näher zu kommen und inneren Frieden zu finden.

Wenn du Schwierigkeiten hast, das Gebet zu beginnen, denke daran, dass es ein Schatz ist, der darauf wartet, von dir entdeckt zu werden. Allah erwartet deine Anwesenheit und ist bereit, dich in Seiner Liebe zu empfangen.

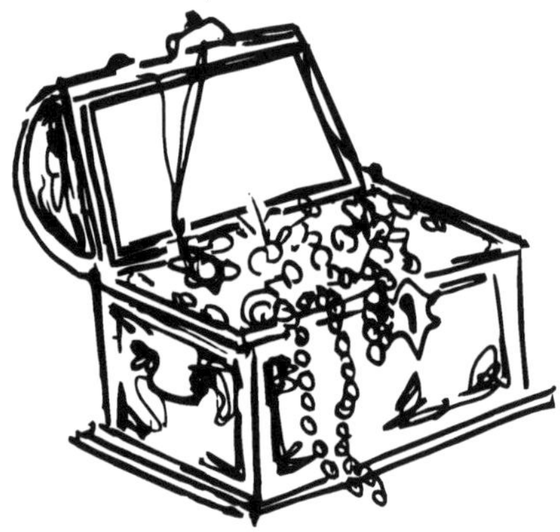

DER SCHLÜSSEL ZUM GEBET

Das Gebet ist eine Reise, die du jeden Tag antretest. Denke daran, dass der Anfang dieser Reise in deinem Herzen liegt. Sei geduldig mit dir selbst und genieße die Bindung zwischen dir und Allah durch das Gebet.

Deine Tränen im Gebet sind wie kostbare Perlen, die Allah in deinem Herzen sammelt. Beginne, indem du deine innersten Gefühle mit Ihm teilst.

In dem Moment, in dem du das Gebet beginnst, beginnt auch eine Reise der Selbstfindung. Allah wartet darauf, dir auf dieser Reise zu begegnen.

DIE BELOHNUNG DES GEBETS

Der Prophet ﷺ sagte:
„Stellt euch vor, jemand von euch hätte vor seiner Haustür einen Fluss, in dem er fünfmal am Tage baden würde würde dann etwas von seinem Schmutz an ihm zurückbleiben?"
Die Leute antworteten:
„Nichts von seinem Schmutz würde an ihm zurückbleiben."
Der Prophet ﷺ sagte:
„Genauso ist es mit den fünf Gebeten, durch die Allah die Sünden tilgt. "
[Muslim, Kapitel 6, Hadith-Nr. 1071]

Dein Gebet wird die Tore des Paradieses für dich öffnen - ein Ort, an dem unbeschreiblicher Frieden herrscht, an dem du für immer glücklich sein wirst, und jeder Moment schöner ist als der vorherige. Ist es nicht wunderbar, in dieser Welt Allah im Gebet zu begegnen und somit ein Gefühl der Rückkehr zu haben, wenn du wirklich vor Ihm stehst?

DIE BELOHNUNG DES GEBETS

Stell dir vor, jemand würde dir jeden Morgen 100 Kilo Gold anbieten. Die einzige Voraussetzung, um diese erstaunliche Belohnung zu erhalten, wäre, früh aufzustehen und lediglich 5 Minuten mit dieser Person zu verbringen. Würdest du diese Gelegenheit ergreifen?

Der Prophet ﷺ sagte:
„Die zwei Rak'ah (Sunnah) vor dem Morgengrauen (Fajr) Gebet sind besser als diese Welt und alles, was sie enthält."
[Riyad as-Salihin 1102]

Allah ruft dich jeden Morgen zum Gebet und schenkt dir weit mehr als das Gold und alles, was du dir vorstellen kannst. Wirst du jetzt noch das Gebet verpassen wollen?

Der Prophet ﷺ sagte:
„Die beste der Taten ist die Verrichtung des Gebets zur rechten Zeit und die Güte gegenüber den Eltern."
[Muslim 85e]

Wenn die Menschen dich rufen, kommst du fünf Minuten früher, aber wenn Allah dich ruft, kommst du spät oder gar nicht?

Der Prophet ﷺ wurde gefragt:

„Was ist die beste Handlung?"

Er ﷺ antwortete:

„Lange im Gebet zu stehen."

[Ibn Majah 3683]

Was kann schöner sein, als vor seinem Herrn zu stehen und sich bewusst zu sein, dass Er dich sowohl in diesem Leben als auch im nächsten Leben belohnen wird?

DIE BELOHNUNG DES GEBETS

Der Prophet ﷺ sagte:
„Wer sich zu Hause reinigt und sich darauf zur Moschee begibt, um dort sein Gebet zu verrichten, dem werden seine (zurückgelegten) Schritte belohnt: Für einen Schritt wird ein Vergehen verziehen und für den folgenden wird sein Rang (im Paradies) erhöht."
[Riyad as-Salihin, Buch 9, Kapitel 189, Hadith-Nr. 1053]

Stell dir vor, dass du für jeden Schritt, den du in Richtung der Moschee machst, eine Belohnung erhältst, als würdest du auf dem Pfad zum Paradies gehen. Mit jedem Schritt näherst du dich nicht nur der Moschee, sondern auch der Freude und den Segnungen, die Allah für dich bereithält. Es ist eine wunderbare Reise des Glaubens, bei der jeder Schritt dich näher zu deinem Ziel führt - dem Paradies und der Gnade deines Schöpfers.

DIE BELOHNUNG DES GEBETS

Der Prophet ﷺ sagte:
„Verkündet den Betenden, die in der Dunkelheit zu den Moscheen gehen, (die frohe Botschaft) dass ihnen das vollkommene Licht am Tage der Auferstehung, zuteil wird."
[Riyad as-Salihin 1058]

تَبَارَكَ اللَّهُ

Wenn du vom Gedanken „Ich muss jetzt beten" zu „Ich will jetzt beten" gelangt bist, dann hast du bereits einen bedeutsamen Fortschritt in deinem Weg zu Allah gemacht. Dieser Wandel von einer Pflichterfüllung zu einem inneren Verlangen symbolisiert eine tiefere Verbindung zu deinem Glauben und eine stärkere Bindung zu Allah.

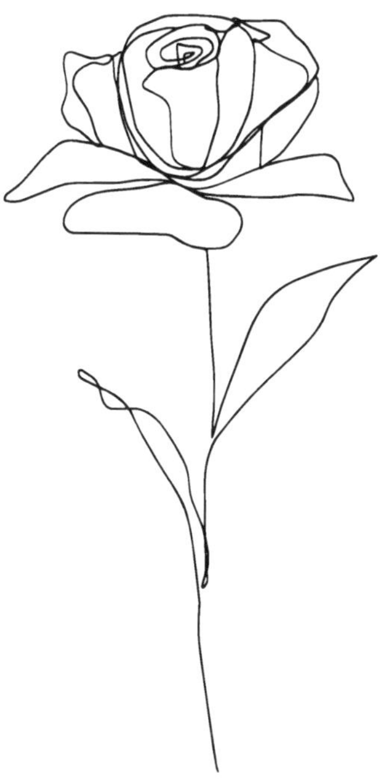

Allahs Belohnung übersteigt unsere Vorstellungskraft, denn Er ist der Allvergebende und Barmherzige. Egal, welche Sünden wir begangen haben, wir haben die Möglichkeit, sie durch die rituelle Waschung (Wudu) und die Bitte um Seine Vergebung zu bereuen und abzulegen. Stellen wir uns vor Ihn und erbitten wir Seine Gnade und Vergebung.

DIE BELOHNUNG DES GEBETS

Es ist wirklich interessant zu wissen, dass unsere Eltern auch Belohnungen erhalten können, wenn wir beten. Jedes Mal, wenn wir uns vor Allah niederwerfen, verdienen wir nicht nur Gute Taten für uns selbst, sondern auch für unsere Eltern. Dies zeigt die großzügige und allvergebende Natur Allahs und Seine Liebe zu uns und unserer Familie.

DIE BELOHNUNG DES GEBETS

Das Gebet ist wie ein Schatz, den Allah für uns bereithält. Jedes Mal, wenn wir uns für das Gebet erheben, sammeln wir Gute Taten, die unsere Seelen mit positiver Energie und Reinheit füllen. Dies sind Schätze, die uns im Diesseits und im Jenseits reichlich belohnen werden, denn Allah ist der Allvergebende und der Großzügige.

DIE BELOHNUNG DES GEBETS

Wenn wir beten, öffnen sich die Tore zur Barmherzigkeit Allahs. Unsere Sünden werden von Ihm vergeben, und wir erlangen Seine Nähe und Seinen Schutz. Dies ist eine Belohnung, die weit über unser Verständnis hinausgeht, denn sie schenkt uns inneren Frieden und geistige Erfüllung.

Das Gebet ist nicht nur ein Ritual, sondern eine persönliche Begegnung mit Allah. In diesen heiligen Momenten der Anbetung öffnen sich Tore des Paradieses für uns. Wir erhalten einen Vorgeschmack auf die Freude und das Glück, die uns im Paradies erwarten.

Allahs Liebe zu uns manifestiert sich im Gebet. Wenn wir uns vor Ihm niederwerfen, zeigt Er uns Seine Großzügigkeit und Barmherzigkeit. Unsere Bitten werden erhört, und unsere Herzen werden mit Trost und Vertrauen erfüllt. Das Gebet ist eine Quelle der Stärkung und Belohnung, die uns auf unserem Lebensweg begleitet.

DIE BELOHNUNG DES GEBETS

Im Gebet finden wir nicht nur Trost, sondern auch die Belohnung der inneren Ruhe und des Friedens. Diese innere Zufriedenheit, die uns während des Gebets erfüllt, ist ein kostbarer Schatz, den Allah uns schenkt. Sie hilft uns, mit den Herausforderungen des Lebens umzugehen und unser spirituelles Wachstum zu fördern.

Das Gebet ist wie ein Schutzschild, das uns vor den Herausforderungen und Versuchungen des Lebens bewahrt. Es gibt uns die Kraft, Schwierigkeiten zu überwinden, und es ist eine Quelle der Zuversicht und des Vertrauens in Allahs Plan für uns.

Allah belohnt das Gebet nicht nur mit materiellen Gütern, sondern auch mit geistigem Reichtum. Wenn wir beten, erhalten wir Weisheit, Geduld und innere Stärke, die uns auf unserem Lebensweg leiten und unterstützen.

DIE BELOHNUNG DES GEBETS

Was stärkt unsere Verbindung zu unseren Mitmenschen?

Was erinnert uns daran, barmherzig und fürsorglich zu sein?

Es ist das Gebet.

Das Gebet ist eine Einladung Allahs, zu Ihm zurückzukehren. Wenn wir diese Einladung annehmen, werden wir mit einer unermesslichen Belohnung belohnt - der Nähe zu Allah, Seiner Führung und Seiner Liebe.

Allahs Belohnung für das Gebet ist ein Geschenk, das über das hinausgeht, was wir verdienen oder uns vorstellen können. Es ist ein Zeichen Seiner Liebe und Barmherzigkeit, die uns in jedem Gebet erreicht und uns auf unserem Lebensweg begleitet.

DAS GEBET IM ALLTAG

DAS GEBET IM ALLTAG

Dein Alltag ist zweifellos wichtig, doch deine Gebete sind von noch größerer Bedeutung. Strukturiere deinen Tag um die Gebetszeiten herum und plane, wann und wo du jedes Gebet verrichten kannst. Lass die Angelegenheiten dieser Welt nicht die Oberhand gewinnen und dich von deinen Gebeten abhalten, denn diese weltlichen Dinge werden wir eines Tages verlassen müssen.

Es wird zu Momenten kommen, wo du zwischen deinem Gebet und deiner Arbeit entscheiden musst.

Genau da musst du dich fürs Gebet entscheiden-

Dein Rizq kommt von Allah, vertraue ihm und geh beten.

Mach das beste aus deinem Leben, investiere in das nächste Leben, welches für immer da sein wird.

Allah ist unser Ziel wir Leben nach seinem Willen.

Stell dir vor, eine Person bietet dir 1 Millionen Euro an, das einzige, was er von dir will ist es, dass du 5 mal 5 Minuten am Tag ihn besuchen kommst.

Würdest du nicht alles hinter dir lassen um dich mit ihm zu treffen?

Jetzt stell dir folgendes nochmal vor, jemand gibt dir 10 Millionen Euro, das einzige was er von dir will ist es, dass du dein Augenlicht gibst (Das du blind wirst), würdest du dieses Angebot annehmen?

Nein?

Allah hat dir all diese Sachen geschenkt, er will nur, dass du nach seinem Willen lebst und betest, außer dem, bietet er dir das Paradies an, ein Ort, welches man sich nicht mal vorstellen kann, willst du immer noch nicht beten?

Steh auf für Allah und komm dem Paradies näher.

DAS GEBET IM ALLTAG

Im Islam gibt es fünf tägliche Gebetszeiten. Diese sind Fajr (Morgengebet), Dhuhr (Mittagsgebet), Asr (Nachmittagsgebet), Maghrib (Abendgebet) und Isha (Nachtgebet). Es ist wichtig zu wissen, wann diese Gebetszeiten sind, um sicherzustellen, dass du sie nicht verpasst.

Es ist hilfreich, deinen Tag so zu organisieren, dass du genügend Zeit für die Gebete einplanst. Du könntest beispielsweise einen Wecker oder eine Erinnerungsapp verwenden, um dich an die Gebetszeiten zu erinnern.

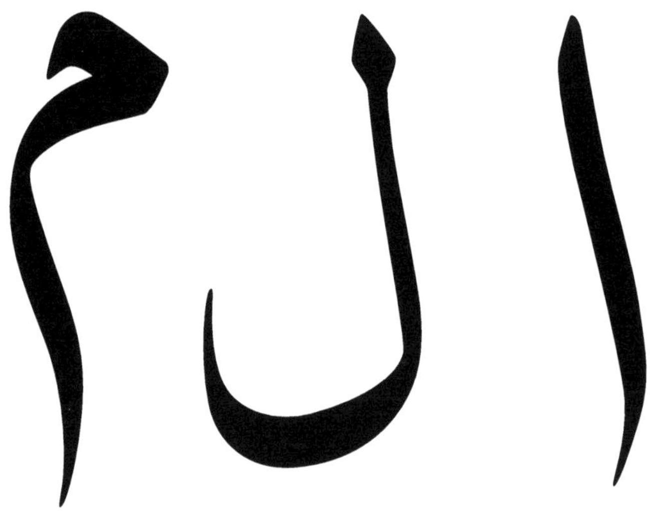

Halte dich in deinem Alltag an die Erinnerung an Allah. Dies kann durch das Lesen des Quran, das Hören von religiösen Vorträgen oder das Aussprechen von Dhikr (Gedenken an Allah) erreicht werden. Wenn du Allah oft gedenkst, wirst du das Gebet nicht vergessen.

Wenn du in deinem Beruf viel beschäftigt bist, versuche, kurze Pausen für das Gebet einzuplanen. Dies wird dir helfen, deine Verbindung zu Allah aufrechtzuerhalten, selbst in geschäftigen Arbeitszeiten.

Erkenne das Gebet als Leitfaden für dein Leben an. Es hilft dir, in schwierigen Zeiten standhaft zu bleiben und in guten Zeiten dankbar zu sein.

Das Gebet erfordert Geduld und Hingabe. Es ist normal, dass es anfangs Herausforderungen gibt, aber halte an deiner spirituellen Reise fest.

لَا إِلَٰهَ إِلَّا اللَّٰهُ

Beginne deinen Tag mit dem Morgengebet (Fajr). Stehe früh auf, reinige dich und bete, bevor du dich auf den Tag vorbereitest. Dadurch startest du deinen Tag mir der Segnung von Allah.

Selbst wenn du krank bist oder im Krankenhaus liegst, ist es wichtig, das Gebet nicht zu vernachlässigen. Wenn du körperlich nicht in der Lage bist, alle Gebetspositionen einzunehmen, kannst du das Gebet im Sitzen oder Liegen verrichten.

Sei nicht wie diejenigen, die gesagt haben: Ich werde morgen beten, denn einige von ihnen haben nie den nächsten Tag erlebt.

Steh auf, erhebe deine Hände und bete zu Allah.
Die Kraft des Gebets liegt in deinen Händen,
nutze sie jetzt.

Das Gebet erinnert dich daran, dass du nicht allein auf dieser Reise bist. Allah ist immer bei dir, in guten und in schweren Zeiten. Dein Gebet ist der Schlüssel, der dich näher zu seiner Barmherzigkeit führt. Es ist die Möglichkeit, deine Sorgen, Ängste und Wünsche vor ihm auszuschütten.

Dein Leben mag voller Termine, Aufgaben und Verantwortlichkeiten sein, aber vergiss nie, dass das Gebet der Anker ist, der dich festhält. Es ist die Erinnerung, dass es mehr im Leben gibt als nur das Materielle. Es ist der Weg, standhaft zu sein, wenn die Welt dich zu erdrücken scheint.

Du bist nicht allein auf dieser Reise. Allah ist da, immer bereit, auf dich zu hören, immer bereit, dich zu führen. Dein Gebet ist der Schlüssel zu seinem Herzen, die Brücke zwischen dir und seiner Barmherzigkeit.

Vielleicht denkst du manchmal, dass du nicht würdig bist, vor Allah zu treten, dass deine Sünden zu groß sind. Aber erinnere dich daran, dass Allah der Allvergebende und der Barmherzige ist. Er wartet immer auf dich und ist bereit, deine Gebete anzunehmen.

In den Momenten, in denen du dich verloren oder überfordert fühlst, erinnere dich daran, dass das Gebet deine Zuflucht ist. Es ist der Ort, an dem du deine Sorgen bei Allah ablegen und Frieden finden kannst, wenn die Welt zu viel wird.

Dein Gebet ist ein Ausdruck deiner Dankbarkeit für die Geschenke, die Allah dir täglich schenkt. Wenn du im Gebet deine Dankbarkeit ausdrückst, wirst du dich bewusster über die Segnungen in deinem Leben werden und inneren Frieden finden.

Sage Allahu Akbar. Hebe jetzt deine Hände und beginne dein Gebet. Lass all deine Sorgen und deinen Kummer durch diese Geste nach hinten gleiten und stell dir Allah, den Erhabenen, vor. In diesem heiligen Augenblick der Hingabe und des Vertrauens öffnest du dein Herz für die unendliche Liebe Allahs, die dich in jedem Augenblick begleitet und leitet.

DIE GEHEIMNISSE DES NACHTGEBETS

Das Gefühl Nachts aufzustehen, seine Gebetswaschung zu nehmen und vor Allah zu stehen und zu beten, ist unbeschreiblich. Allah hat dich ausgewählt, wobei alle anderen gerade am schlafen sind, betest du zu Allah.
Denkst du deine Sorgen werden so nicht weggehen?
Denkst du deine Duas werden nicht angenommen?

Wenn du etwas wirklich wünschst,
bete Tehajjud.
Allah wird dir geben
und du wirst zufrieden sein.

Das nächtliche Gebet ist wie eine geheime Botschaft an Allah, die dein Herz mit Trost und Hoffnung füllt. Wenn du in dieser heiligen Stille verweilst, kannst du das Vertrauen spüren, dass deine Gebete erfüllt werden, und dieses Wissen erfüllt dich mit Freude und Zuversicht.

Wenn du im Nachtgebet vor Allah stehst, wird ein Gefühl des inneren Friedens dich durchströmen und dich mit Freude erfüllen. Diese Momente der Hingabe lassen dich den Alltag vergessen und erinnern dich daran, wie wertvoll diese Verbindung ist.

Wenn die Nacht kommt und es still wird, ist es Zeit für ein besonderes Gebet. In diesem Gebet können wir Allah alles erzählen, was in unserem Herzen ist, und wir fühlen uns von Allah umarmt.

Denk daran, im nächtlichen Gebet kannst du deine Träume und Wünsche vor Allah bringen und spüren, wie sie Realität werden. Es ist ein Raum, in dem du deine innersten Sehnsüchte ausdrücken kannst, und mit jedem Gebet kommt ein Hauch von Erfüllung näher.

In der Stille der Nacht, wenn du betest, öffnest du die Tür zu einem Ozean der spirituellen Erfüllung. Du tauchst ein in die ruhigen Gewässer deiner Seele und findest darin eine innere Ruhe, gleichzeitig auch eine starke Kraft.

Das Nachtgebet ist wie eine Brücke, die dich näher zu Allah führt und dich mit Seiner Liebe und Gnade erfüllt. Es ist der Moment, in dem du dich von den Sorgen des Tages lösen und dich von der Liebe deines Schöpfers tragen lassen kannst.

Die Dunkelheit der Nacht wird im Gebet zu einer Leinwand, auf der deine Hoffnungen und Wünsche erstrahlen. Du malst mit deinen Gebeten ein Bild von deinen Träumen und lässt sie erblühen. Allah liebt diejenigen, die sich zu ihm wenden.

In den stillen Stunden der Nacht können deine Gebete Wunder bewirken und positive Veränderungen in deinem Leben herbeiführen. Du sendest deine Bitten an Allah und fühlst, wie Seine Weisheit und Macht in Bewegung gesetzt werden.

Denk daran, dass das nächtliche Gebet dir die Möglichkeit gibt, deine Ängste loszulassen und in Allahs Schutz und Geborgenheit zu finden. Du legst deine Sorgen vor Ihn nieder und spürst, wie Er sie in Frieden und Trost verwandelt.

Im Nachtgebet kannst du deine Sorgen auf Allah legen und spüren, wie Er sie in Liebe und Geborgenheit hüllt. Du erfährst, dass du nicht allein mit deinen Problemen bist, sondern dass Allah immer bei dir ist.

Das Nachtgebet erinnert dich daran, dass du niemals allein bist, denn Allah ist immer da, um dich zu hören und zu segnen. Deine Gebete sind wie ein persönliches Gespräch mit deinem Schöpfer, und sie stärken deine Verbindung zu Ihm.

Wenn du in der Stille der Nacht betest, erlebst du einen inneren Frieden, der sich wie eine warme Decke um dich legt. Diese ruhigen Momente erlauben es dir, alle Sorgen und Ängste loszulassen und in Allahs Liebe und Geborgenheit einzutauchen.

Im Nachtgebet kannst du deine Gedanken ordnen und Klarheit für dein Leben finden. Diese besonderen Augenblicke ermöglichen es dir, deine Ziele zu reflektieren und Wege zu entdecken, wie du dich selbst und die Welt um dich herum verbessern kannst.

Denk daran, dass das nächtliche Gebet dir nicht nur spirituelle Stärke gibt, sondern auch eine Quelle der inneren Ruhe ist. Es ist eine Zeit, in der du die hektische Welt draußen lassen kannst und dich auf deine eigene Reise zu Allah konzentrierst.

إِنَّا لِلَّهِ وَإِنَّا إِلَيْهِ رَاجِعُونَ

Wenn du in der Nacht betest, spürst du, wie deine Dankbarkeit gegenüber Allah wächst. Du beginnst, die Segnungen in deinem Leben noch mehr zu schätzen, und dein Herz füllt sich mit Freude über die unzähligen Geschenke, die dir gegeben wurden.

Das nächtliche Gebet öffnet die Tür zu einem Raum der Selbstreflexion und inneren Entwicklung. Du kannst an deinen Schwächen arbeiten, dich selbst verbessern und jeden Tag ein besserer Moslem und somit ein besserer Mensch werden.

Das nächtliche Gebet ist wie ein stiller Fluss, der dein Herz reinigt und erfrischt. Du wirst spüren, wie die Belastungen des Tages von dir abfallen und wie du in der Gegenwart Allahs Frieden und Ruhe findest.

Möge dein nächtliches Gebet immer deine Seele mit Frieden und innerer Stärke erfüllen, um dir auf deinem Lebensweg zur Seite zu stehen und deine Herzenswünsche zu erhellen.

DIE LIEBE ZUM GEBET ENTWICKELN

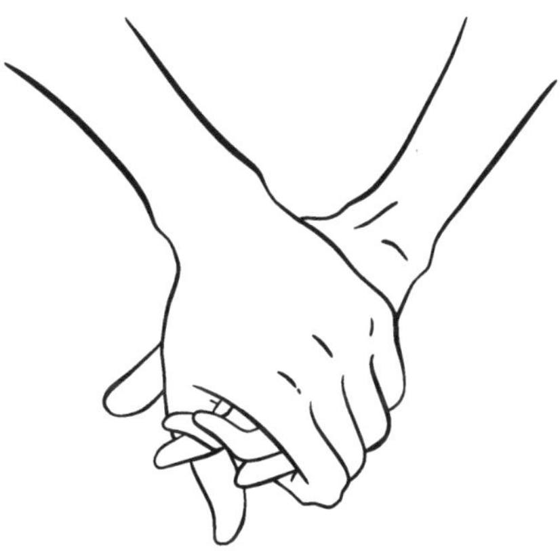

Stelle dir das Gebet als persönliches Treffen mit Allah vor, bei dem du seine Liebe und Barmherzigkeit in jedem Moment spüren kannst.

Die Liebe zum Gebet erblüht, wenn wir erkennen, dass es uns ermöglicht, unsere Sehnsüchte, unsere Ängste und unsere Dankbarkeit in die Arme des Allmächtigen zu legen.

Jedes Gebet ist ein leuchtender Stern in der Dunkelheit unseres Lebens, ein Zeichen der Hoffnung, dass Allah uns niemals im Stich lässt.

Die Liebe zum Gebet entwickelt sich, wenn wir verstehen, dass es unsere Verbindung zu Allah stärkt und uns dabei hilft, inmitten des Chaos des Lebens Ruhe zu finden.

In deinem Gebet findest du nicht nur Frieden, sondern auch die Inspiration, deine Träume zu verfolgen und Hindernisse zu überwinden.

Die Liebe zum Gebet führt dazu, dass du die Welt mit einem Herz voller Mitgefühl und Liebe siehst, bereit, anderen zu helfen und Liebe zu verbreiten.

Die Liebe zum Gebet ist wie ein kostbarer Schatz, den du in deinem Herzen bewahrst, der dich auf deiner Reise für Allah begleitet und dich stärkt.

Das Gebet ist der Schlüssel, der die Tür zu Allahs grenzenloser Liebe öffnet, eine Liebe, die dich trägt und erfüllt, wenn du sie in dein Herz lässt.

Das Gebet ist der Moment, in dem du deine Lasten ablegen und deine Seele befreien kannst, während du dich Allah hingibst.

Das Gebet ist der Weg, um die Liebe zu Allah zu vertiefen. Je mehr du betest und dich ihm näherst, desto mehr wirst du seine Liebe in deinem Leben spüren.

Die Liebe zum Gebet entwickelt sich langsam und benötigt Zeit sowie eine konstante Hingabe. Aber die wertvollen Belohnungen, die sie mit sich bringt, sind es wert, darauf zu warten.

Betrachte die Liebe zum Gebet als ein Geschenk von Allah, das er jedem von uns anbietet. Es ist eine Gelegenheit, seine Liebe und Barmherzigkeit zu erfahren.

Das Gebet hat eine magische Art und Weise, uns zu berühren und unsere Herzen zu öffnen. Wenn du es mit Hingabe praktizierst, wirst du die Wunder darin entdecken.

Das Gebet kann heilend wirken, nicht nur für die Seele, sondern auch für den Körper und den Geist. Es ist eine Therapie, die uns wiederherstellt und erneuert.

Das Gebet ist der Moment, in dem du dich selbst und deine Träume Allah anvertrauen kannst. Er ist der beste Zuhörer, der alle deine Sorgen und Wünsche kennt.

Nimm dir einen Moment Zeit, um darüber nachzudenken, wie das Gebet dich dazu ermutigt hat, ein besseres Leben zu führen. Hat es dich auf den Weg der Rechtschaffenheit geführt?

Denke darüber nach, wie das Gebet dir die Gewissheit gibt, dass du niemals allein bist, dass Allah immer bei dir ist. Hat es dir das Vertrauen in schwierigen Zeiten gegeben?

Denke darüber nach, wie das Gebet dich dazu
ermutigt, dich von deinen Fehlern zu erholen
und Allahs Barmherzigkeit anzunehmen.
Es ist ein Akt der Gnade.

Allah schenkt dir 23 Stunden am Tag, und für diese großzügige Gabe erwartet er nur etwa 1 Stunde deiner Zeit, verteilt auf fünf Gebetszeiten. Bedenke, dass Allah dich fünfmal täglich ruft und auf deine Gebete wartet. Bist du bereit, seiner Einladung jedes Mal zu folgen und diese besondere Verbindung zu ihm zu nutzen?

إِنْ شَاءَ ٱللَّٰهُ

Die wahre Liebe zum Gebet erreicht man, wenn die Gebetszeiten zu den kostbarsten Momenten deines Tages werden, und du dir Sorgen machst, sie zu verpassen, egal was passiert. In dieser Hingabe und Entschlossenheit, die Gebete zu verrichten, liegt die tiefe Liebe zum Gebet.

DANKESCHÖN:

SELAMUN ALEYKUM UND MÖGE DER FRIEDEN UND DIE GNADE ALLAHS MIT EUCH SEIN.

WIR MÖCHTEN EUCH VON HERZEN FÜR EURE ZEIT UND HINGABE DANKEN, DIE IHR UNSEREM BUCH "DIE LIEBE ZUM GEBET" GEWIDMET HABT. EURE BEREITSCHAFT, EUCH MIT DEN MOTIVIERENDEN SÄTZEN UND LEHREN DES GEBETS IM ISLAM AUSEINANDERZUSETZEN, IST EINE WERTVOLLE GESTE DES ENGAGEMENTS FÜR EURE SPIRITUELLE REISE.

MÖGE ALLAH EURE GEBETE ERHÖREN UND EURE HERZEN MIT LIEBE UND FRIEDEN ERFÜLLEN. EUER INTERESSE UND EURE BEREITSCHAFT, EUCH NÄHER ZU ALLAH HINZUENTWICKELN, SIND EIN WAHRER SEGEN.

WIR HOFFEN, DASS DIESES BUCH EUCH AUF EUREM WEG ZUR VERTIEFUNG EURER LIEBE ZUM GEBET INSPIRIERT HAT. MÖGE ALLAH EUCH STETS AUF DEM RECHTEN PFAD LEITEN UND EUCH MIT SEINER GNADE UND BARMHERZIGKEIT BEGLEITEN.

WIR VERABSCHIEDEN UNS MIT DEN WORTEN DES FRIEDENS, SELAMUN ALEYKUM.

VIELEN DANK FÜR EURE UNTERSTÜTZUNG UND EURE SPIRITUELLE HINGABE.

MIT HERZLICHEN GRÜSSEN,
TALHA CAVUS UND FARES ALBARAZI

Printed in Poland
by Amazon Fulfillment
Poland Sp. z o.o., Wrocław

32492489R00079